KALAAM-E-ISHQ

INZEMAM ALAM

Dedicated to U

Contents

Contents

Foreword

Kalaam-e-ishq ki aaghaz hua tere ishq se,

Meri zindagi ne rukh badla tere deedar se.

Haath se sharab hata ke tasbeeh pakdaya jisne,

Zinagi ke raaste pe tanha chhod diya usne.

In sab ka aaghaaz hua jis ishq ke saath,

Usi ishq ka anjaam hua kalaam-e-ishq ke saath.

Preface

Bahut nazdeek aati jaa rahi ho,

Bichchadne ka irada kar liya kya.

-Jaun Elia

Acknowledgements

Firstly, I would like to thank Allah (The Most Merciful) without whose wish nothing was possible.

Writing these weren't easy and it sure took a long time to write these and compile them. My first and foremost thanks goes to the person who is the reason behind all these poetry, my very first love.

I would like to thank Dr. Habiba Kausar, my sister who helped me as editor. I would like to thank my parents (Er. Aftab Alam and Zahida Aftab) who provided me with all the sources required. I would like to thank my Brother Intekhab Alam for his invaluable motivation.

I would like to thank Dr. Adnan Qureshi, my urdu lecturer without whom I would never have attained the mastery in urdu literature.

I would like to thank all my followers who motivated me to keep on going by their praises on my instagram and podcast.

I would like to thank Notion Press for approaching and providing me this opportunity for publishing this compilation.

887776666665

1. Kalaam-e-Ishq

Savera chahiye nahi andhere mein zindagi guzarna hai,
Chamakte taaron ke neeche tumhare sang umar bitaana hai.
Agar qubool ho tumhein to kismat aazmaana hai,
Apne pyaar ki haqeeqat ki gawahi farishton se dilwana hai,
Fursat mile to milna tumhare bina zindagi kaisi hai ye dikhana hai.
Meri khwahish hai tere daaman mein sir rkhke ghar ka ehsaas karna,
kabhi mauka mila to ye bhi batana hai.
Mere maazi mein gunah hai kayi jo tere sang mitana hai,
Tere saath kiye hai kayi zyatti unko sudharna hai.
Shuru se shuru karne ko kahunga nahi kyun ki jo tha wo bhi khazana hai,
Bas ye sb ruhbaru hoke keh sakun itni himmat jutana hai.

Itna bhi gham nahi hai meri zindagi mein,

Ki rote rahe teri dillagi mein.

Beshaq ishq to kiya behisaab tumse,

Par shayad kami rah gyi meri tishnagi mein.

Bina baat ke ruthne ki aadat hai,

Kisi apne ka saath paane ki chahat hai.

Aap khush rhe mera kya hai,

Main to aaina hun mjhe tootne ki aadat hai.

Gham to bahut hai door jaane ka teri chaukhat se,

Chhupa lete hai sab jhooti muskurahat se.

Kismat hi jaane ye asliyat meri,

Ki haal behaal ho jaata he teri ek aahat se.

Chahte hain hum aapko kitna ye bataye kaise,

Pyaar aapka aapse chhupaye kaise.

Aasmaan se bhi uncha hai apna pyaar,

In chaar linon mein aapko samjahyein kaise.

Maazi ko bhulakar mustaqbil banaun,

Nayi ibtidaye mustaqbil apnaun.

Har simt dikhti thi jo use bhulakar jiyun,

Dil ki bandagi ko bhula kar jiyun.

Aaj har ek pal khubsurat hai,

Dil mein sirf teri surat hai.

Kuch bhi kahe ye duniye ke gham nahi,

Aaj duniya se zyada teri zarurat hai.

Wo sharabi bhi kya jiske dil mein gham na ho,

Wo zindagi bhi kya jismein tum na ho.

Ye dard hai sahi par ishq ki talaash hai,

Mere zindagi ke har katre ka tu hi libaas hai,

Zarre-Zarre ko faqut teri hi aas hai.

Zamane mein dhoondhne nikla to shikasht hi mili,

Ummed hai sab kuch bhool kar zindagi shuru na hui ho nayi.

Tere chaukhat par jeene ki aadat pad gayi hai,

Tere bina meri zindagi barbaad ho gayi hai.

Tu hi meri daulat,

Tu hi meri shauhrat.

Tujhi se meri tabahi,

To tujhi se meri ruswayi.

Gham hai choodne ka teri chaukhat,

Betaab hai dekhne ko teri muskurahat.

Ek janam mein saat janam jee lenge,

Tere pyaar ke sadqe mein qurbaan ho jayenge.

Tu hi mera junoon hai,

Tu hi mera ghuroor hai.

Mera pyaar deta hai ye gawahi,

Ki tu hi mera aakhiri suroor hai.

Dilbar ki dillagi mein dil apna kho chuke hain,

Kal tk to khud ke the aaj aapke ho chuke hain.

Hum tere saath chalenge tu chale na chale,

Tere har dard sahenge tu kahe na kahe.

Hum chahte hain ki tum sada khush raho,

Hum chahe rahe na rahe.

Dil mein teri tishnagi,

Aankhon mein teri dillagi,

Jab se ruhbaru hua teri mehek se,

Rooh se krun main teri bandagi.

Na jaane kyun dil mein hai tanhai,

Dil aur dimaag ki hai ye ladayi.

Bas gayi hai dil mein mere tu kuch is qadar,

Har simt dikhti hai tu poori karti hui meri ye tanhai.

Bezaar hun apne pyaar se,

Bezaar hun apne yaar se.

Saath hoke bhi kyun itni hai doori,

Na jaane ye kaisi majboori.

Ibadat thi ya gunah maloom nahi,

Pehli nazar ka fitoor nahi.

Na jaane tere husn ko kyun hai ye ghuroor,

Ki ye sb mera fitoor hai koi ishq nahi.

Har saya aasmaan ko taakun main,

Tujhe apne sapnon mein paaun main.

Tera deedar hue bina sukoon nahi milta,

Tere saamne hoke bhi tujhe ahsaas nahi hota.

Mujhe agar fursat mein yaad karna ho to mat karna,

Main tanha zarur hun magar fizool nahi.

Chahat ki adalat mein itni hai taaqat,

Ki himakat ki hai usne badalne ki kismat.

Har kisi ke haath bik jaane ko tayyar nahi,

Ye mera dil hai tere shehar ka akhbaar nahi.

Suna hai bahut udaas baithe ho,

Kaho to dil bhejun khelne ke liye.

Bolne pe lagakar paabandi,

Usne mujhe likhna sikha diya.

Poori kitaab padh kar bhi wo samajh nahi paaye,

Gayab kiye hue kuch pannon ne unhe gumrah kar diya.

Badalte daur mein badalte waqt,

Badalte waqt mein badalte hai rishte.

Ye to hai apne jin mein begaana krne ki hai taaqat,

Warna waqt ki kahan itni zurrat,

Ki pyaar ko badalne ki usmein taaqat.

Tumhara kya bigada tha jo tumne tod dhaala hai,

Ye tukdon mein nahi lunga mujhe phir dil banakar do.

Aansuon se gaane ki aadat ho gayi hai,

Tujhe yaad karne ki aadat ho gayi hai.

Tere bin rahna mumkin nahi,

Tere sang jeena kismat mein nahi.

Pyaar ki viladat ko bura na samjho,

Khushi nahi to sahi dard sehna to sikhaya.

Badalte waqt ke maashre aur inki najasat kya cheez,

Yahan to logon ke rishte badal jaa rhe hain,

To ikhlaaq kya cheez.

Tanhai mein rahne waalon ke liye ishq bhi kaafi hai duniya hilane ke liye,

Par bhari mehfil mein rhne waalon ke liye maut kaafi nahi dil hilane ke liye.

Chalte-Chalte kahan pahunch gaye,

Dekhte-Dekhte kahan pahunch gaye.

Pata na chala waqt ka taqaaza,

Ki kaise tumhare dar pe pahunch gaye.

Kyun na khafa ho aankhein meri in raaton se,

Sapna poora hota nahi aur sawera ho jaata hai.

Raundte the jiske khayalon mein hum,

Gum ho jaate the jiski nazron mein hum.

Jiski ek jhalak ne humko uska deewana bana diya,

Usko paane ke liye har roz rote hai sajde mein hum.

Socha na tha yun dikhogi,

Dikhne ke baad na milogi.

Is gusatkhi ki jo saza di hai tumne,

Haste-Haste qubool kr liya hai humne.

Poori duniya ke ruthe se farq bhi nahi padega humein,

Tere roothne ka khayal bhi nhi manzoor humein.

Is dil ko tu yun na roz tadpa,

Mujhe maaf kar mere rahnuma.

Dil ka sabaq chhod aaya hun teri dehleez par,

Samajh nahi aata kya kahun teri in daleelon par.

Mohabbat ko talaashun mein dil mein tere,

Uski ek jhalak ke liye baitha hun dar pe tere.

Tujh se milne ke liye har raat tadpun main,

Ghut-Ghut ke, Ghut-Ghut ke yun hi mar jaun main.

Tujh se milne ki chah hai meri,

Dil ki purani ibadat hai meri.

Farishte gawahi dete hai meri in duaon ke,

Tujhe paane ki chaah hai gheri.

Har haqeeqat se parda karun main,

Tujhe dekh kar sab jhutla dun.

Kyun na smjh paaya tu mere dil ka sabaq,

Ghut-Ghut ke, Ghut-Ghut ke yun hi mar jaun main.

Bas nahi chalta qismat pe mera,

Teri chahat ke baad chahat ki chah nahi hui.

Yakeen na ho to dil se puch le zara,

Ki tere baad khud se bhi mohabbat na hui.

Tere khaatir jee raha hai koi,

Tere bina tham gayi zindagi uski.

Har waqt yahi rahi dua uski,

Ki khuda hifazat kare teri,

Aur yaad karaye ki jee raha hai koi tere khaatir,

Kahin tere saath nasein na tham jaaye uski.

Har ek pal satane waala khayal ho tum,

Meri zindagi gulzaara banane waali waza ho tum.

Sajdon mein girna sikha ke,

Imaan ke raaste pe laake,

Meri zindagi ko kis mod pe chhod ke chali gayi ho tum.

Kismat ka pata nahi par dil pe naam likha hai tumhara,

Meri har dua mein zikr hai tumhara.

Tere baad to khud se bhi na hui mohabbat,

Is adhuri kahani ko pura karne ka intezaar hai tumhara.

Teri rooh se parvaangi ki hai,

Chahat nahi uske libaas se.

Afsos main aitbaar nahi karwa paaya apne ishq pe,

Yakeenan koi kami rah gayi mujhse.

Mere jeene aur marne pe,

Meri qismat ke har ek panne pe.

Likha rahega ki itna tootke chaaha,

Ki ab aitbaar na raha chahat pe.

Dard ko to hum kam kr lenge,

Par us rog ka kya jo samay ke saath badhta jaega.

Ishq ke yaad pe tumhara zikr karenge,

marne tak har sajdon mein tumhein maanga jaaega.

Ye dua rahegi meri khuda se har waqt,

Ya to tu mile ya maut aajaye mujhe usi waqt.

Tera milna to qismat mein nahi,

Phir maut hi sahi gham to khatam ho usi waqt.

Maazi ho ya mustaqbil humesha mere chehre ki muskaan tum rahogi,

Fajr se leke Ishaa tak har sajdon ki duaon mein tum rahogi.

Farq nahi padta kisi aur ke zindagi mein aane jaane se,

Farishte gawah rahenge ki meri phli aur aakhiri mohabbat tum rahogi.

Tere ishq ki galliyon ki yaad aati hai,

Un galliyon mein likhi kahani satati hai.

Haathon ki lakeeron pe likhna tha tera naam,

Par shayad humari qismat kuch aur hi chahti hai.

Haal e dil kharab kar gayi tu,

Dil se nikaal fek gayi tu.

Ishq mein qurbaan hone ki misaalein rakh di,

Aakhir kya gunah tha jo ye sila de gayi tu.

Aaj phir yaadon ki kitaab uthake dekha,

Pichle saal chehre pe muskaan aur haath mein haath tha.

Maazi se zyada mustaqbil haseen tha,

Chand dinon mein qismat ne takhta palta,

Ki mustaqbil se zyada haseen maazi ban gaya.

Dil wapas mudne ko kehta hai,

Usi maazi ko apnane ko kehta hai.

Na jaane kitna samjhaya is dil ko apne,

Par kambakht tumse aur mohabbat karne ko kehta hai.

Meri rooh is haqeeqat ko tasliim karne ko tayyar nahi,

Us maazi ko bhulana mujhe gawara nahi.

Hijr ki lazzat jitni tujhe hai utni mujhe nahi,

Is awara dil ko tere bina mustaqbil qubool nahi.

Zindagi is mod pe aake khadi hai,

Jahan peeche khushali to aage tanhai bhari padi hai.

Tere sang zindagi ko khubsurat shayari banana tha,

Mousiqii ke tarah is kisse ko har kisi ko sunana tha.

Par qismat ne kuch is qadar apni taaqat dikhayi,

Ki sunane ko sirf tanhai ki gunj bachi.

Teri saanson ki aahat se mera dil dhadakta tha,

tere zulfon ke mehek ne awaara ko aashiq banaya tha.

Teri dhadkan ne kuch is qadar paagal kiya,

Ki teri waza ne khuda ka sahara dilaya tha.

Tere pyaar ki baarish mein kuch aisa khumaar mila,

Ki barsaat ke mausam mein maza aane laga.

Tere jaane ke baad ye khumaar aisa tabdeel hua,

Ki barsaat ke paani mein aansu bhi chalakta dikhne laga.

Jaldi thi tujhe sab bhulake khatam karne ki,
Shayad shuruaat karni thi nayi zindagi ki.
Kabhi mauka mila to puchna hai tujhse,
Ki kya zarurat thi juda hone ki.
Bhari mehfil mein bhi tanha sa hun main,
Har shakhs mein teri jhalak dekhta hun main.
Hijr se kya khurmi haasil hui tujhe,
Ki ek pal mein benaam sa hogaya hun main.
Kya mila tujhe yun juda hoke,
Kya raahat mili ye saza deke.
Vasl mein aisi kya khaami hai,
Jo puri hui apnon ko benaam kar ke.

Mere kuch kehne ka ab fayda nahi,
Mere kisi baat ki koi ahmiyat nahi,
Qismat aazmaane ka waqt nahi.
Zindagi ke is mod pe bhi,
Tumhare zikr bina koi namaaz nahi.
Mere alawa kisko pareshaan krogi tum,
Kisko yun sata paogi tum.
Sharaab to yunhi badnaam hai,
Poori zindagi rahne waala khumaar ho tum.
Tasveer mitane ki baat krti ho,
Sb kuch bhulake aage bdhne ki baat krti ho.
Tumhi batao is dil ka kya karun,
Jismein tum khud tasveer bankar chhapi ho.

Tere khayal mujhe sone nhi dete,
Teri rooh ki sumbul mujhse bhulayi nhi jaati.
Ishq aur qismat ka bada purana rishta hai,
Mah-o-mahr ke tarah ye kabhi saath nahi rhte.
Tere mayassar ki ahmiyat bahut thi,
Tujhe batane se pehle tune galatfehmiyan door kr di.
Tere jis tabassum pe hum fida hue,
Us ko panah dene waale mehtaab ke liye taras gye,
Teri ulfat ke liye hum barbaad ho gye.
Teri kuch aisi khaslat lagi mjhe,
Ki bhula paaye na tujhe.
Ab wo khaslatein mere aansu rukne nahi dete.

Jaate jaate apni kashaiishai chaihaiod gayi,
Khaiayalon ko mere saakit kar gayi.
Mehaitab ke eitbaar-e-faraib-e-nazar ko is qadar toda,
Ki poori zindagi tasalsul mazaak ban gayi.
Khaiushaiiyon ke saathai khaiela is qadar,
Ki aankhaion ke aansuon ko qaid kar gayi.
Khaiair jo bhaii kiya shaiukariya hai uska,
kam az kam sajdon mein girna sikhaia gayi.

Log kehte the ki chand to saakit hai,
Mujhe galat fehmi thi ki mehtaab to mere saath hai.
Log kehte the ki ehtamam e tasalsul rkhna,
Mujhe ghurur tha tasalsul e ishq pe,
Aakhir kya gunah tha jo tune kiya ye sila,
Beinteha ishq kiya par nateeja kya mila.
Har roz tere khwabon ke sumbul mein sote hai,
har subah un khwabon ki tabiir mein hoti hai.
Har aaina mein tera ahsaas hota tha,
Har mod pe tera intezaar rhta tha.
Meri rooh teri parvangii mein mashguul thi,
Ye mehfil uske mazaak ke liye mashoor thi.
Main jama karta raha purani kitab ke kaaghaz ko,
Aur wo bikherti rahi meri yaadon ke ujalo ko.
Zindagi mein bahut khushiyan hai vasl-lazzat ke siva,
Pr mujhe kuch chahiye nahi uske bina.
Jhootha hi sahi pr pyaar dikhane ke liye aa,
Ek aur baar sahi tu mujhe chhodne ke liye aa.
Is mehfil ko kya pta ki pyaar kya cheez,
Ishq kr ke dekho fir smjh aayega ki zindagi kya cheez.
Is zindagi mein kya bacha hai dekhne ke liye,
Zindagi ka haq diya tha gulzar banane ke liye.
Is mehfil se main lad pada tha jis ishq ke liye,

Us ishq ne mazaak bana diya apne fayde ke liye.

Aaghaz hua tha khubsurti se,

Dil pe tera naam likh ke,

Anjam hua haar se,

Mehfil ke naam jeet likh ke.

Mohabbat ke raah pe chalke dekho,

Aise logon se saamna hoga,

Ki dillagi bhool jaana padega.

Zakhm pe Zakhm khaa ke jeena padega,

Khud ke liye khud ke labon ko seena padega.

Dil aur dimaag ke beech ki ladayi hogi,

Chah ke bhi chhodna mushkil hoga.

Mauka dene ki gunjaish nahi hogi,

Ye bhulane ke liye baithe rahenge,

Ek pal mein sab kuch bhulana padega.

Koi rishta purana nahi hoga,

Inko aage badhne mein waqt nahi lagega.

Kabhi mohabbat ke raahon pe chalke dekho,

Zindagi muskurate aansuon mein guzarna padega.

Teri Khushboo teri saansein dil ko zor se dhadka deti hain,

Teri khabar mera khoon dauda deti hain.

Teri yaadon mein raatein guzar jaati hai,

Agar sapnon mein aajaye to raatein haseen ho jaati hai.

Sheeshe ke tarah tukdon mein bat chuka hai mera dil,

Har tukde ki hai apni marzi apni awaaz.

Kabhi gaur se sunne ki koshish ki unki aawaaz,

To har tukde kahe ki kabhi to tu paas aake humse mil.

Zindagi khatam karna chahta hun tera naam lete hue,

Isi bahane tu mere janaze pe to aaye rote hue.

Phir shayad tujhe bhi yaad aajaye,

Ki ek paagal tha jo ishq mein suli chadh gayi haste hue.

Taash ke patton mein ek thi rani jiska tha wo raja,

Ishjq ki galliyon mein begana sa wo deewana.

Ek ladka tha khush mezaaj sa, Kud pada wo ishq ki galliyon mein.

Anjaan tha ishq ke raaz se, Lut gaya bechara unhi galliyon mein.

Ishq ka jaadu had se guzar gaya,

Khaamakhaa bechara suli pe chadh gaya.

Ishq ki mehfil mein sareaam neelaam hota gaya,

Haste-Haste khud ke mazaak ko dekhta gaya.

Ishq ki sarhad pe donon khade the,

Ahsas hua ki donon ek dusre se juda the.

Na kabhi ek dusre ko samajh paaye the,

Na kabhi ek dusre ka saath de paaye the.

Taash ke patton mein sirf thi ek rani na tha koi raja,

Deewana ban gaya ghulaam khud ko samjhte samajhte raja.

Chhod diye saare galat raaste,

Mod diya zindagai ka rukhe tere waaste.

Mohabbat naam leke tera istaqbaal hua jo,

Zindagi gulzaar ho gayi haste - haste.

Gulzar banake zindagi chhod gayi tu,

Chehre ki muskaan ko ranjish bana gayi tu.

Kch kehne ka mauka milne se pehle chali gayi,

Ki meri zindagi hai tu.

Jaate - jaate poora maazi mita gayi,

Mere ishq ko bahut badi galti karaar kar gyi.

Jis ishq ko humne khazaana maan ke rakha hai,

Us ishq ki waza ko jaate jaate suli chadha gayi.

Ishq mein naam likhwaya rooh pe tumhara,

Beintehaa mohabbat ki tumhari rooh se.

Dil jeet gaya par yakeen na jeet paaya tumhara,

Ki kabhi dil nahi lagaya uske libaas se.

Dil aur khud-e-timadii ke sau tukde kar gayi,

Nafrat ki ek anokhi wajah bata gayi.

Uske har ek alfaaz ne dil ko cheer dhala,

Khud se nafrat karna sikha gayi.

Phle to kaafir the kyun ki gunaah kayi kiye hai,

Lekin tumhare istaqbaal ke baad,

Namaazi ho gye kyun ki tumhein maanga karte hai.

Shayad is dil ke sabaq ko tu samajh na paaye,

Par fir bhi ek baar koshish karni hai.

Usi koshish ka ek nateeja ye hai,

Ki tere upar peeche puri kitaab likh diye hai.

Ab is se zayada kuch karne se mein anjaan hun,

Tere khaatir poori kalaam-e-ishq likh diye hai.

Iske baad mujhe kuch kehne ko bacha nhi hai siwaye iske,

Ki haa mujhe abhi tumse utna hi pyaar hai.

Letter To U

I don't know whether this piece of writing reached you or not. Honestly speaking, there is very less chance that you would get hand on this. In any case if this gets to you then I want to say only one thing that I loved you and always will keep loving you. I know at this point this feeling is only one sided and probably this doesn't even faze you. But I will keep this feeling till the end. Well people do say that first love are special and are unforgettable so now I guess I somewhat understand what it meant. I know at this point of time you have already moved on but I guess that's something not possible for me yet. The pain can be reduced with the help of paracetamol but this disease is like malignant tumor which is spreading accros the body and it gets serious with time and it can only end with the life of the patient. So I guess that's it. This page holds the title as a letter to you but in reality this entire book is a letter to you. I didn't knew how to tell what I felt so I just did what I am a little good at, literatures.....

I still remember the date 20 November when it all began and I can remember every single detail of that day. Since then, I remember my every single proposal and your rejections ☻ ☻ ☻ ☻ ☻ Also the fact that after all those tries it took almost a year to get you, But now I can relate and say that I did a mistake. I guess I should have given up on after the first rejection. It is said that impulse decision are sometimes correct and I guess your rejection was something like that. So my not giving up is what lead to this and I guess things were messed up from the beginning. But I guess a person is helpless against love and also powerless against fate.....

I guess considering your girlfriend as your future wife is same as thinking fruit beer is whiskey.... i.e; completely pointless.

I know now we are not gonna be together anyways and things will probably be never the same way but I still want to see you because Azan Sami once said "Aaram aata hai deedaar se tere, mit jaate hai saare gham."

After reading all this you along with many people I know and don't know will ask one question "Stiil, Why?" and it's answer is quite simple. SRK once said " It's the msot beautiful feeling in the world."

And it's not like that I am out for shopping that if I don't find something I will move on to a new shop it's love dude..... I don't think things go that way in love.

Even at this point there is no prayer in which I literally don't pray for you to return..... But I believe what is written is final, it won't change no matter what. I also believe this kind of prayer is forbidden since, relationships are not something that are allowed.

You know fate do play a really twisted game. There was a time where I could confidently say anyone that you are mine but now I don't have the right to think about you in that aspect.....

As much as I would love to say that "tum mere ho, mere hi rahna." I can only say " ye dua hai meri rab se."

This book Kalaam-e-ishq means speech of love. The love which is you. So everything in this book holds a meaning and is true, written for you.

There are a million stars up in sky,

But for me you shine so bright that even The God can't deny.

Back then things were really rough,

But living without you is more tough.

Everything hapenned so quickly in the middle of the night,

That you went completely out of sight.

Your last words tore my heart like a sharp knife,

Leaving me in noting but an oblivion life.

Laste few lines are rhyming somehow which they weren't supposed to but they are and yeah I am only good in urdu poetry.

Last but not the least,

I LOVE YOU !

Printed by Libri Plureos GmbH in Hamburg,
Germany